Género Texto expositivo

I0794283

Pregunta esencial

¿Cómo se adaptan los animales a su hábitat cuando hay obstáculos?

La vida en una poza de marea

Mary Mackie

Capítulo 1

Un mundo cambiante

Si das un paseo por una costa rocosa y observas detenidamente las hendiduras en las rocas, verás todo un mundo de criaturas. Hay grupos de mejillones, lapas y caracoles pegados a las rocas. Los **tentáculos** de la anémona verde de mar se agitan debajo del agua. Las estrellas de mar y los erizos de mar muestran sus colores. Los cangrejos se ocultan bajo las rocas.

Los animales de una poza de marea viven en un ambiente que cambia constantemente. Dos veces al día, el mar llega y cubre la tierra. Luego, se retira rápido y deja las rocas y la arena al descubierto. Quedan pequeñas charcas de agua, pero el resto de la orilla queda seca.

Las criaturas de las pozas de marea viven en un ambiente que cambia constantemente.

Estas pequeñas charcas de agua formadas a lo largo de la orilla se llaman pozas de marea. Se forman en las zonas rocosas donde la tierra se une con el mar. La costa rocosa de California, por ejemplo, es famosa por sus pozas de marea.

Las pozas de marea son el **hábitat** de muchas plantas y animales diferentes. Un hábitat es el tipo de ambiente donde una planta o un animal viven naturalmente. Los bosques, desiertos y océanos son diferentes tipos de hábitats. Al encontrarse sobre las costas de los océanos, las pozas de marea son un tipo de hábitat costero.

Los cangrejos viven en las pozas de marea de las costas rocosas.

En la parte donde se une con la tierra, el nivel del agua del océano cambia constantemente. Asciende y desciende regularmente a lo largo de la costa. El término "marea" hace referencia a este ascenso y descenso regular. El hábitat de las pozas de marea se forma entre la zona mínima de la marea baja y la zona máxima de la marea alta. Esta zona se llama zona intermareal.

La zona intermareal puede dividirse en cuatro: la zona de marea baja, la zona media, la zona de marea alta y la zona de salpicaduras. La de marea baja está debajo del agua. Solo queda expuesta cuando la marea es muy baja. La zona media queda expuesta dos veces al día. La de marea alta se inunda cuando hay marea alta. La de salpicaduras está seca, pero se salpica cuando la marea es alta.

Marea alta y baja

Las mareas son el ascenso y descenso periódico del océano u otras masas grandes de agua. La marea asciende y desciende dos veces al día. Cuando llega a la altura máxima, se llama marea alta. Cuando alcanza el nivel mínimo, se llama marea baja.

Las pozas de marea cambian cuando la marea sube o baja.

Mapa de la zona intermareal

Capítulo 2

Las adaptaciones

Las pozas de marea son hábitats donde es difícil vivir, ya que cambian constantemente. Los animales que viven allí necesitan características especiales para poder sobrevivir. Estas características se llaman **adaptaciones**. En general, una adaptación es una parte del cuerpo que ayuda al animal a obtener alimento, construir un hogar o estar a salvo.

Las anémonas de mar tienen un disco succionador que las ayuda a permanecer en su lugar, aun cuando las golpean olas fuertes.

Algunas adaptaciones ayudan a los animales a sobrevivir dentro y fuera del agua. La anémona de mar tiene más de una adaptación. Cuando está cubierta de agua, parece una flor. Intenta atrapar peces agitando sus tentáculos. Pero cuando la charca está seca, la anémona cambia. Guarda los tentáculos dentro de su cuerpo para que no les dé el sol. La anémona también tiene un disco succionador que la mantiene pegada a las rocas. Ni siquiera una ola fuerte podría despegarla.

Los percebes, las lapas y los mejillones poseen adaptaciones que los ayudan a sobrevivir en la zona de salpicaduras. Tienen caparazones duros que los protegen de los rayos solares, ya que pasan la mayor parte del día bajo la luz del sol. Pueden guardar agua y alimento dentro de sus caparazones. Estos también los protegen de los **depredadores**. Otros ejemplos de animales que tienen caparazones y los usan como refugio y protección son los caracoles, los cangrejos y los cangrejos ermitaños.

Los percebes, las lapas y los mejillones se adaptaron a la vida en la zona de salpicaduras. Tienen caparazones duros que los protegen del sol.

Las liebres de mar se camuflan muy bien, por lo que es difícil verlas entre las rocas de una poza de marea.

A veces, no alcanza con una adaptación. En California, las liebres de mar, o babosas marinas, viven en la zona media y en la zona de marea baja. Se alimentan de algas y plantas marinas. Para protegerse del sol y de las olas, pueden encoger su cuerpo y esconderse entre las rocas.

La liebre de mar también tiene métodos para protegerse de los depredadores. Al ser de color marrón y tener manchas, puede engañarlos luciendo igual que una roca. Si, aún así, un depredador se acerca, la liebre de mar le lanza una tinta purpúrea. La tinta forma una nube que ciega al depredador y, así, la liebre puede escapar.

Los erizos de mar están relacionados con las estrellas de mar. Ambos tienen cientos de patas tubulares pegajosas. Estas patas les permiten atrapar su alimento. A diferencia de las estrellas de mar, los erizos solo comen plantas. Tienen fuertes dientes que les permiten arrancarlas de las rocas. También los usan para moler rocas y hacer un agujero que usarán como hogar.

Los erizos de mar están cubiertos de espinas largas y móviles que ayudan a estos animales lentos a caminar. Las espinas son filosas y venenosas, y sirven para mantener alejados a los depredadores.

Detective del lenguaje	**Halla el verbo subrayado. Escribe la oración usando ese verbo en pretérito.**

La estrella de mar (izquierda) y el erizo de mar son de la misma familia. Tienen características en común, como las patas tubulares pegajosas.

Los rasgos **físicos**, como las partes especiales del cuerpo, no son las únicas adaptaciones que tienen los animales de las pozas de marea. El **comportamiento** también puede ser una adaptación. Muchos de los animales tratan de engañar a los depredadores con su comportamiento. Algunos cangrejos, por ejemplo, se esconden en la arena. ¡Un cangrejo llamado cangrejo decorador oculta su caparazón con algas y conchillas!

Las estrellas de mar y otros depredadores de las pozas de marea suelen alimentarse de mejillones. Para protegerse, los mejillones forman grupos grandes. Los bígaros, las ostras y los gusanos castillo de arena también forman grupos grandes como método de protección.

Los cangrejos decoradores se camuflan para poder desaparecer en medio de las conchillas y las algas en una poza de marea.

Andrey Nekrasov/Alamy Stock Photo

El gusano castillo de arena usa los tentáculos para atrapar plancton.

Los mejillones viven uno al lado del otro en bancos de mejillones, y cada mejillón se adhiere a la roca de forma individual. No unen sus caparazones. En cambio, los gusanos castillo de arena construyen una casa grande llamada colonia y viven allí todos juntos. Las colonias parecen panales. Están formadas por muchos tubos conectados. Cada tubo es la casa de uno de los gusanos. Los gusanos permanecen en sus tubos y casi nunca se los ve. Cuando llega la marea y tapa la colonia, los gusanos usan sus tentáculos para atrapar la comida que flota en el agua.

Un pegamento especial

Gracias a una adaptación especial, el gusano castillo de arena puede construir su tubo. Primero, recolecta trozos de caparazones. Luego, con un órgano de su cabeza les echa una gota de pegamento. El gusano mueve y ubica el caparazón en su lugar y deja que el pegamento se seque.

Robert F. Sisson/National Geographic/Getty Images

Capítulo 3

Los depredadores

En las pozas de marea viven muchos depredadores que compiten por la comida. Algunos animales poseen adaptaciones que los ayudan a la hora de atrapar una **presa** y comérsela.

Las estrellas de mar viven en las rocas de las pozas de marea. Sus patas especiales tienen unas ventosas pegajosas que las ayudan a aferrarse a las rocas y a que no las lleve el agua.

Las estrellas de mar se alimentan de mariscos que viven en las rocas, como los mejillones, las ostras y las almejas. Por lo general, las estrellas de mar tragan enteras a las presas pequeñas. Tienen una manera sorprendente de comer las presas más grandes. Usan sus patas pegajosas para abrir el caparazón del mejillón. Luego, sacan su estómago por la boca, lo llevan dentro del caparazón del mejillón y se comen a su presa.

Las estrellas de mar tienen cientos de patas tubulares, en cuyas puntas poseen ventosas pegajosas.

Marevision/age fotostock RM/Getty Images

El pulpo es un depredador muy exitoso en las pozas de marea. No puede sobrevivir fuera del agua, y por eso permanece cerca de la zona de marea baja o nada en el océano. Prefiere vivir en la zona de marea baja, donde puede alimentarse de cangrejos, caracoles y almejas.

El pulpo posee adaptaciones que lo ayudan a atrapar a sus presas. Puede cambiar de color para parecerse a la arena o a las rocas que lo rodean. Su cuerpo puede escabullirse en grietas angostas. Se esconde y espera, intentando no alertar a los pequeños animales que pasan. Luego, usa sus tentáculos para atrapar a su presa.

El pulpo tiene ocho tentáculos con una hilera de fuertes ventosas para agarrar mejor a su presa.

El pulpo es un experto a la hora de camuflarse. Puede cambiar su color para lucir como la arena o las rocas que lo rodean.

Brenda Foran/Brenda Foran/Getty Images

Debemos ser cuidadosos cuando visitamos las pozas de marea. La gente las visita por muchos motivos. Algunas personas quieren estudiarlas y aprender sobre las criaturas que viven allí. Otras recolectan criaturas, como erizos de mar y mejillones, para comerlas. A veces, la gente camina con sus mascotas por las pozas de marea. Todas estas actividades pueden dañar a las criaturas que viven allí.

Para ayudar a sobrevivir a las criaturas que viven en el ambiente de las pozas de marea, siempre debemos recordar dejar las mismas tal como las encontramos.

Detective del lenguaje	**Halla el verbo subrayado. ¿Puedes conjugarlo en presente?**

En general, las criaturas que viven en las pozas de marea tienen que compartir su espacio con los humanos. Siempre debemos tener cuidado de no dañar su ambiente.

Doug Marshall/Getty Images

Respuesta a la lectura

Resumir

Usa detalles del texto para resumir la selección. Usa el organizador gráfico como ayuda.

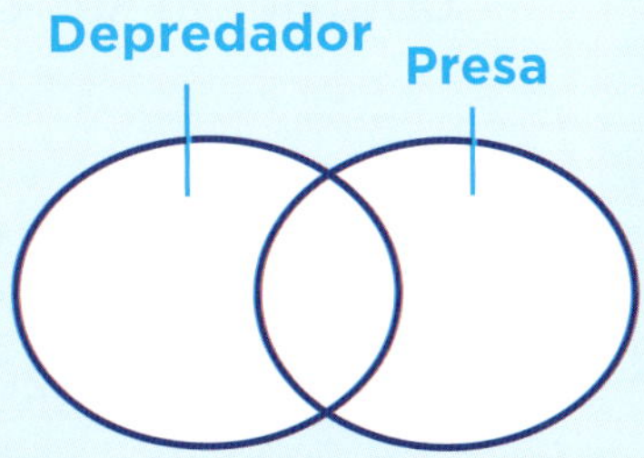

Evidencia en el texto

1. ¿Cómo sabes que *La vida en una poza de marea* es un texto expositivo? **GÉNERO**

2. ¿Qué rasgos tienen en común las estrellas de mar y los erizos de mar? ¿Qué rasgos son diferentes? **COMPARAR Y CONTRASTAR**

3. ¿Qué significa *sobrevivir* en la página 6? Vuelve a escribir la oración manteniendo el sentido pero usando otra palabra o frase que reemplace la palabra *sobrevivir.* **CLAVES EN UNA ORACIÓN**

4. Compara al pulpo con otro animal que viva en las pozas de marea. Describe los rasgos que tienen en común y aquellos que son diferentes en cada uno. **ESCRIBIR SOBRE LA LECTURA**

Género Cuento folclórico

Compara los textos

Lee sobre cómo el azulejo y el coyote obtuvieron sus colores.

Azulejo y Coyote

¿Sabías que los azulejos no siempre fueron azules? En realidad, el primer azulejo que existió era marrón. Luego, una noche, el azulejo tuvo un sueño.

—¿Te aburriste del color marrón? —preguntó una voz—. Aún puedes cambiarlo. Debes ir al lago azul.

—¿Es lejos? —preguntó Azulejo, que era un poco holgazán.

—Sí, muy lejos —dijo la voz—. Pero vale la pena viajar hasta allí. Ve a bañarte al lago cinco mañanas seguidas y tus plumas se volverán de un color azul brillante. Además, estarás muy limpio.

—¿Eso es todo? Parece muy sencillo —dijo el pájaro con desconfianza.

—Ah, sí, casi me olvido —dijo la voz—. Canta la "Oda al color azul" mientras te bañas en el lago.

—¿Cómo es la letra de la "Oda al color azul"? —preguntó Azulejo.

—Invéntala mientras cantas —dijo la voz.

Azulejo hizo lo que la voz le había indicado, y todo iba bien hasta la cuarta mañana, cuando se le cayeron todas las plumas.

—¿Será normal que me suceda esto? —preguntó, pero nadie podía oírlo allí. O eso creía Azulejo.

Para su gran alivio, la quinta mañana, cuando emergió del lago, tenía hermosas plumas azules.

Mientras tanto, un coyote lo espiaba detrás de un arbusto. Quería comerse a Azulejo, pero al ver aquellas brillantes plumas azules, se le ocurrieron otras ideas.

—¿Cómo hiciste eso? —preguntó Coyote—. Tus colores eran muy apagados, pero ahora te ves asombroso. ¡Quiero ser de ese color!

En esa época, Coyote era de color verde.

—Esto es lo que debes hacer —dijo Azulejo.

Coyote siguió las instrucciones a la perfección. La "Oda al color azul" que inventó era magnífica. La cantó durante horas. El cuarto día, se le cayó el pelaje, y eso le molestó un poco. Se puso muy feliz cuando, el quinto día, le creció un pelaje de color azul eléctrico.

Illustration: Kate Daubney

—¡Es un color excelente! —dijo Coyote. Comenzó a brincar por el camino, prestando atención para ver si alguien lo estaba mirando.

—¿Cómo puede ser que no vean lo bonito que soy? —se preguntó—. ¡Soy el coyote azul, primero en mi especie!

Ansioso por ver si su sombra era tan hermosa como él, Coyote se dio vuelta rápidamente.

¡Paf! ¡Coyote tropezó con una rama! Aturdido, cayó al piso y quedó cubierto de tierra marrón. Desde ese día, nunca más existió un coyote azul, pero los coyotes aún aúllan la "Oda al color azul" cuando cae la noche. Por si acaso.

Illustration: Kate Daubney

Haz conexiones

En *Azulejo y Coyote*, el coyote se vuelve azul. ¿Sería esa una adaptación útil para los coyotes? **PREGUNTA ESENCIAL**

¿De qué les sirve a algunos animales de las pozas de marea poder cambiar de color? ¿De qué le sirve a un coyote ser marrón? **EL TEXTO Y OTROS TEXTOS**

Glosario

adaptaciones cambios en los animales o las plantas que los ayudan a vivir mejor en su ambiente ***(página 6)***

comportamiento forma en que alguien actúa ***(página 10)***

depredador animal que se come a otros animales ***(página 7)***

físico relacionado con el cuerpo ***(página 10)***

hábitat lugar donde una planta o un animal vive o crece naturalmente ***(página 3)***

presa animal comido por otro animal ***(página 12)***

tentáculos partes largas y flexibles de los animales que les sirven para tomar y tocar cosas ***(página 2)***

Índice

Enfoque: Ciencias

Propósito Comparar y contrastar animales teniendo en cuenta sus adaptaciones

Paso a paso

Paso 1 Haz una lista de 8 animales sobre los que hayas leído en *La vida en una poza de marea.*

Paso 2 Crea una tabla de tres columnas que tengan los siguientes títulos:

Animal	Lugar donde vive	Tipo de adaptación

Paso 3 Ubica los animales de tu lista en la columna que corresponda en la tabla. Por ejemplo, puedes observar la parte específica de la zona intermareal donde vive cada animal.

Paso 4 Sugiere más animales y agrégalos a la tabla. Investiga dónde viven y qué tipo de adaptaciones tienen.

Conclusión ¿Qué puedes aprender al comparar y contrastar animales de esta manera?